1887

PRIX: 0.50ᶜ

PRIX: 0.50ᶜ

Matin-Salon

PAR GUSTAVE GOETSCHY

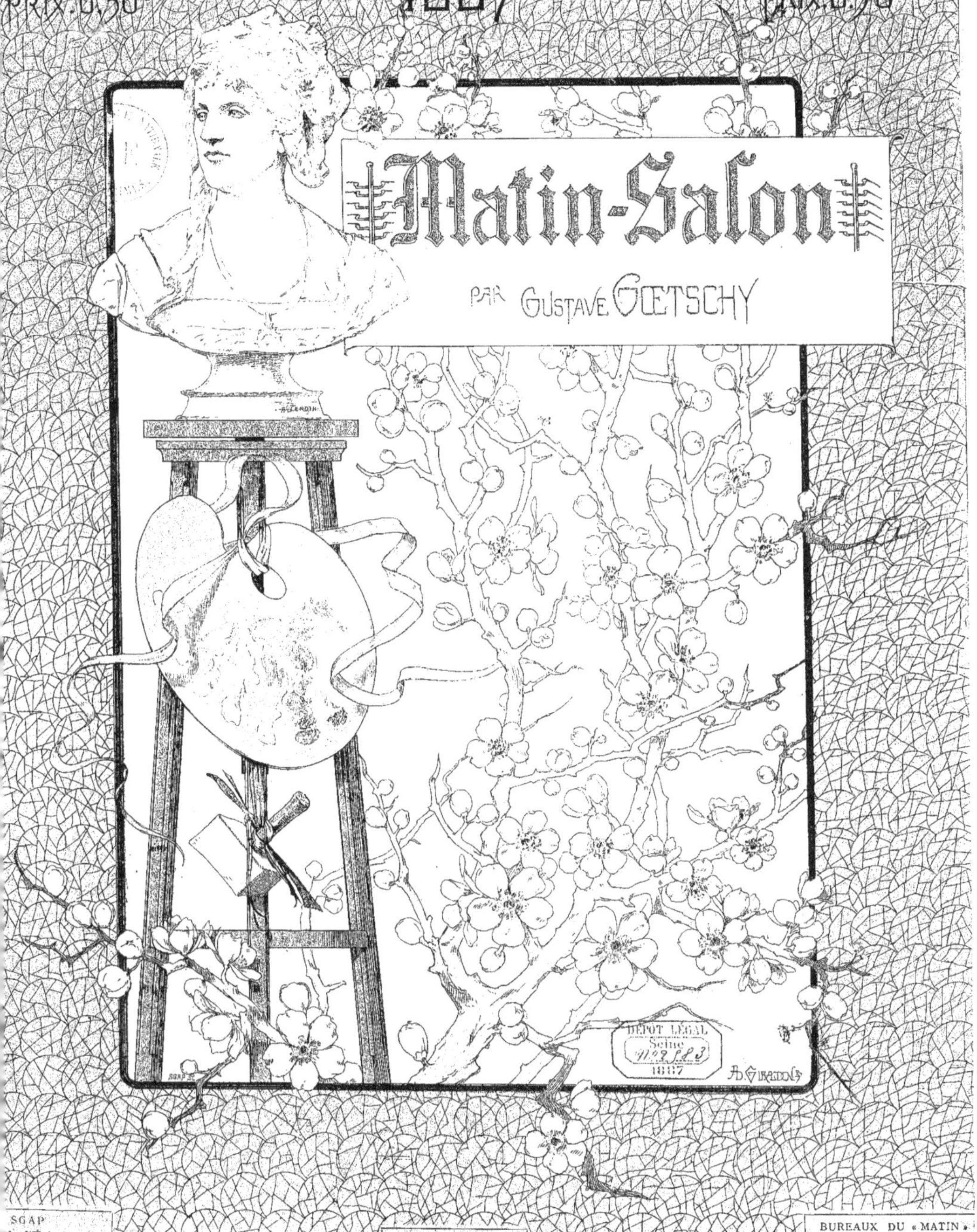

DÉPÔT LÉGAL
Seine
1887

SGAP
de l'Échelle, 3.

PARIS

BUREAUX DU « MATIN »
25, rue d'Argenteuil, 25.

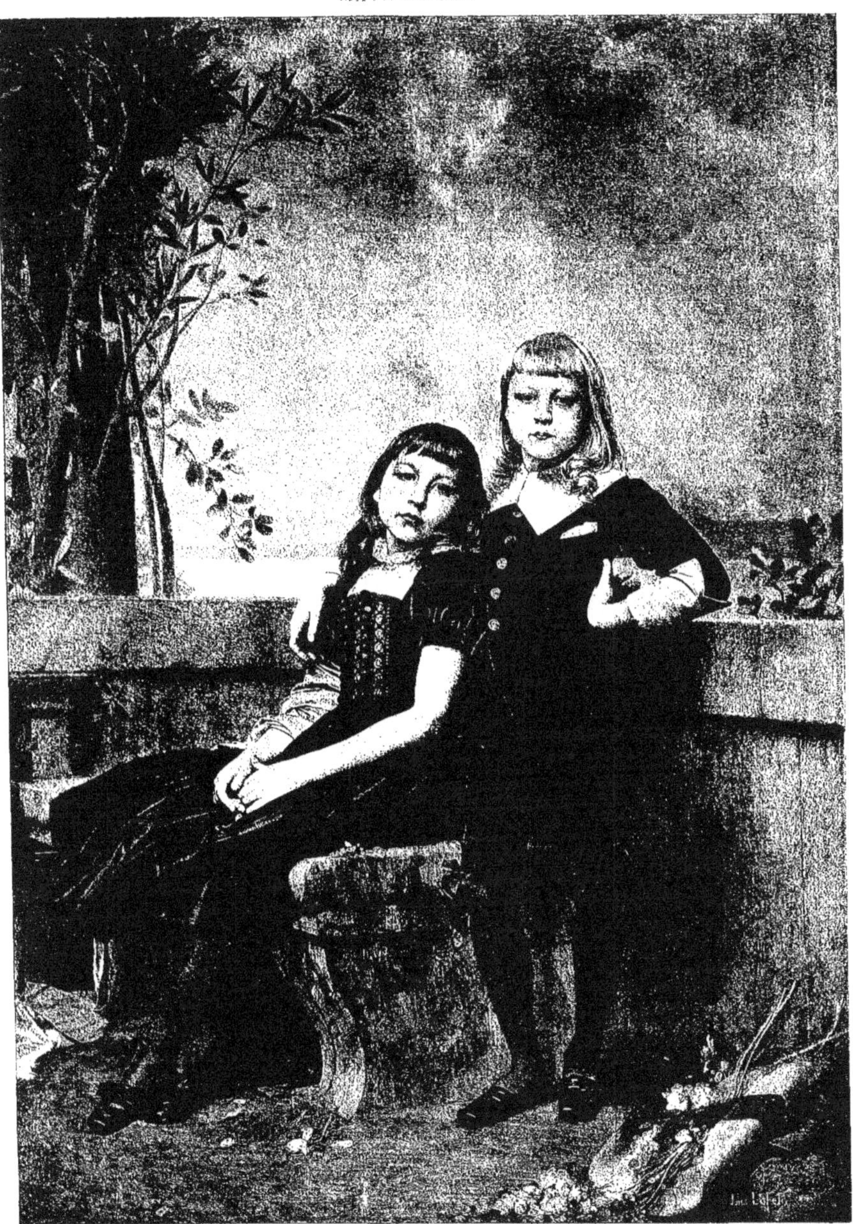

Jules Lefebvre *Portraits de Mlle Mary et M. G...*

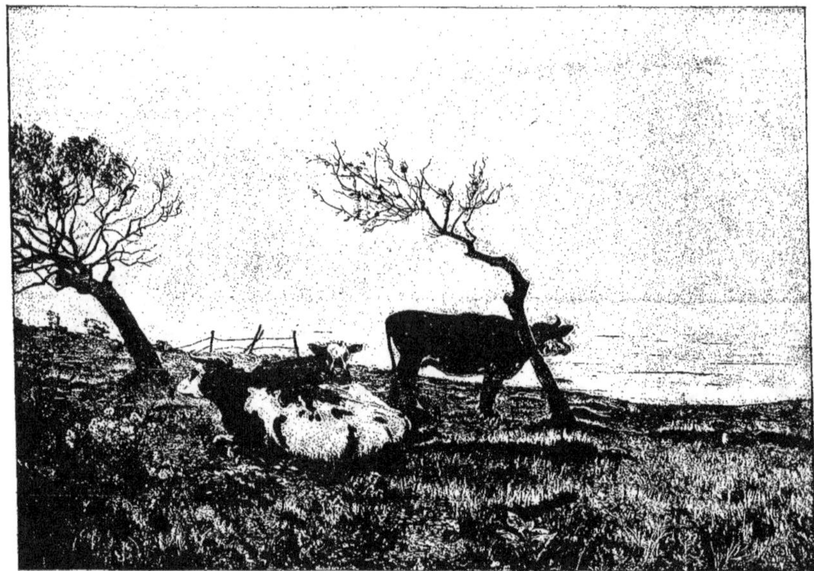

E. Duez. *Le Soir.*

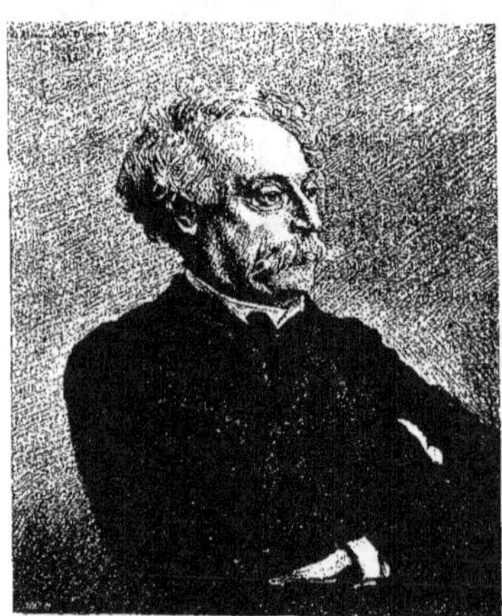

L. Bonnat. *Portrait d'Alexandre Dumas.*

Depuis que nous publions ce supplément illustré sur le Salon, la veille même du jour où l'exposition des œuvres va s'ouvrir au Palais des Champs-Élysées, nous n'avons pas une seule fois manqué d'aviser le lecteur, en toute loyauté, qu'il ne devait point s'attendre à trouver, dans cette publication hâtive, un examen complet et approfondi des œuvres intéressantes que le Salon contient, et nous l'en avisons encore aujourd'hui.

L'avis n'est pas, au reste, pour l'étonner, et nous le lui répétons sans trop d'embarras. Cette publication paraîtra demain, 30 avril, jour du vernissage ; or, c'est avant-hier seulement que la presse d'art, après des discussions puériles et d'impertinentes formalités dont à cette heure encore il lui plaît de sourire, mais qui pourraient bien l'indisposer à la longue, a pu franchir, pour la première fois, le seuil trop bien gardé de ce grand bazar où vont s'étaler pendant deux mois, à côté d'œuvres dont — Dieu merci ! — notre art français aura le droit de justement s'enorgueillir, les produits les plus divers de la fabrication artistique de ce temps-ci.

Un jour pour passer la revue d'un peu plus de trois mille envois ; un soir et la nuit qui suit pour en parler, c'est bien peu de temps accordé, l'on voudra bien en convenir, à de braves écrivains qui ne demanderaient qu'à faire leur métier en conscience et à esthétiquer sur le Salon plus à loisir, si le public ne témoignait d'un peu trop d'impatience, et si le comité qui trône dans sa gloire fugitive au Palais de l'Industrie, daignait, pour le profit de tous, abdiquer une bonne fois ses grands airs et se montrer plus soucieux de ses intérêts en étant plus accommodant.

Encore s'en est-il fallu de peu que ce jour précieux, cet unique jour, ne se levât plus jamais pour nous ! Pendant qu'au dehors des gardiens stylés, ainsi que des muets de sérail, montaient la garde à la porte, au dedans l'on conspirait contre nous. Dans ce redoutable conseil des dix — pardon ! Des quatre-vingt-dix ! — ils sont, paraît-il, une douzaine auxquels il ne chault pas plus de se mettre la critique à dos que de brosser un méchant tableau !

Ce droit, dont la presse d'art est investie de visiter le Salon deux jours avant son ouverture, afin d'y passer un premier examen des œuvres et de se préparer de la façon, dans la solitude et dans la paix des salles, à la rude besogne qu'il lui faudra mener ; ce droit, il était question de l'en déposséder ! M. Bouguereau, dont la voix prépondère et fait autorité dans les comités, menait la campagne. Il s'était chargé d'appuyer la proposition auprès de ses collègues, et il comptait bien la faire triompher. Venus sans méfiance, et sur la foi des anciens traités, pour prendre des notes au Salon, MM. les critiques d'art seraient allés donner du nez, à la porte du secrétariat, contre quelque casque armé du glaive. Et M. Bouguereau, qui, dit-on, tient en médiocre estime les journaux, parce que, — vraisemblablement — en dépit de tout le bien qu'on en pense à l'Institut et à Chicago, les journaux continuent à faire assez

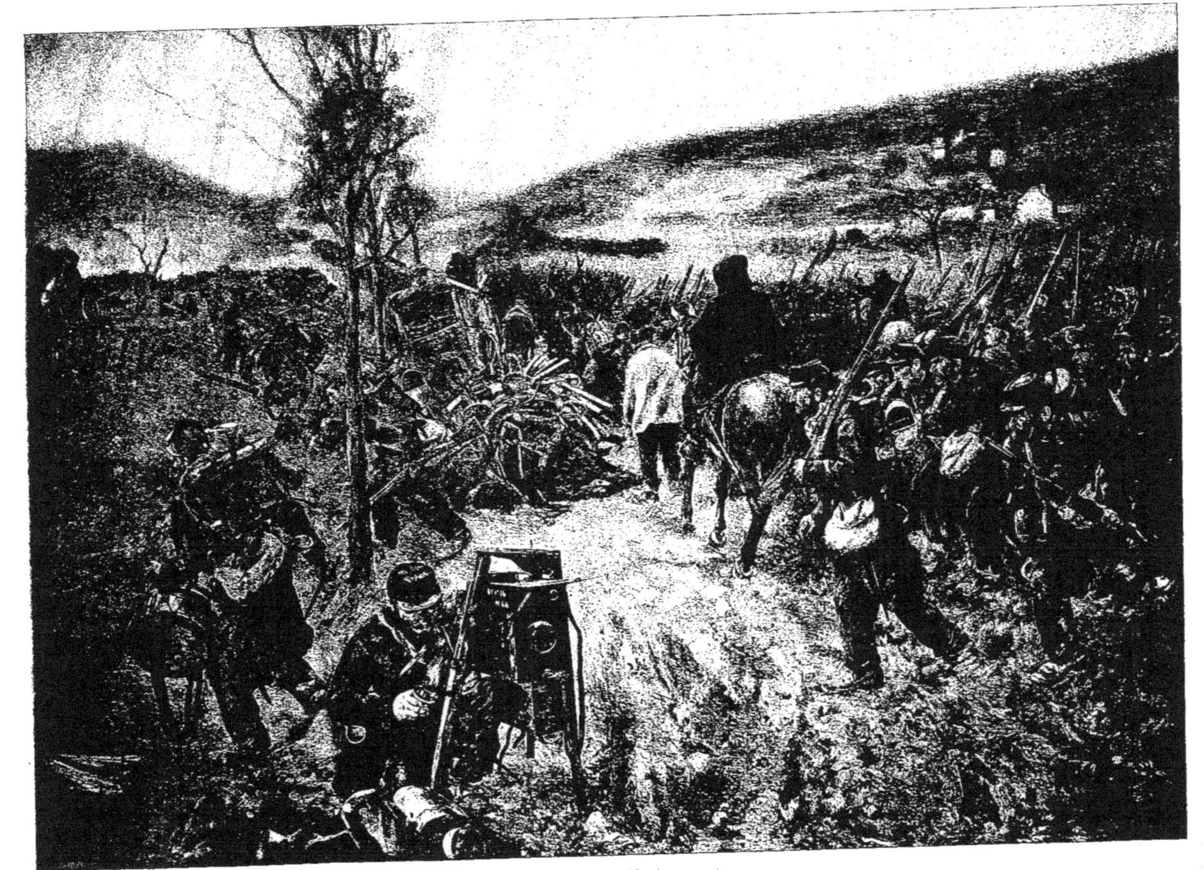

ROLL. LA GUERRE. *Marche en avant.*

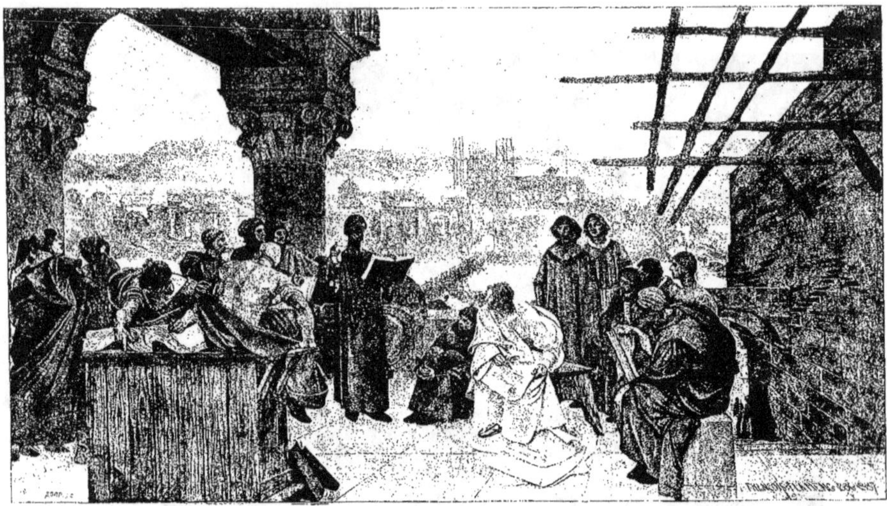

F. Flameng. *Abélard sur la Montagne Sainte-Geneviève.* (Fragment).

médiocre cas de sa confiserie, M. Bouguereau n'aurait pas été des der-
niers à s'égayer un brin de leur déconvenue.

On a dû, par malheur, renoncer à ce beau projet. On trouve dans
tous les conseils des gens sensés beaucoup plus qu'on ne le pensait. La
proposition du président n'était pas vraisemblablement assez mûre.
Pour les artistes il faut souhaiter qu'elle ne mûrisse pas.

La critique d'art, en France, est bonne fille ; on ne l'indispose pas
aisément ; sans prendre grand souci de ce qui se passe autour d'elle, elle
va tranquillement à son but, qui est de soutenir et d'encourager les bons
artistes, de blâmer et de conseiller les mauvais. « C'est elle, disions-nous
récemment, qui mène le public devant les œuvres et qui lui révèle les
talents nouveaux ; elle qui venge les vrais peintres — ainsi qu'elle a fait
pour Corot, pour Millet, pour Courbet, pour Manet — du dédain des
jurys, de l'indifférence du public et du mépris des sots. Elle combat pour
l'art en toute occasion sans marchander jamais ni son temps ni sa peine ;
elle sert autant et plus que personne à édifier les fortunes et à fonder
les renommées ».

On lui doit bien, pour tout cela, quelques égards, et ce n'est pas faire
trop que de lui fournir, du mieux qu'on peut, le moyen de s'acquitter
de sa tâche, honnêtement et tranquillement.

Aussi bien le moment est mal venu pour les artistes de s'aliéner son
concours. Ils ne fleuriront pas de sitôt, hélas ! ces temps heureux où le
vent des commandes emportait les tableaux par milliers à tous les coins
du monde, et les écriteaux que de loin en loin on voit pendre lamenta-
blement à la porte, assiégée jadis close aujourd'hui, des petits hôtels de
l'avenue de Villiers, nous content comme a dit le poète « de lugubres
histoires ».

*
* *

Ceci dit, et sans nous attarder plus longtemps à ces misères, embras-
sons d'un regard d'ensemble le Salon de 1887 ; après quoi nous passerons
rapidement la revue des principaux morceaux qu'il contient.

Ce qu'il atteste tout d'abord, ce Salon, c'est la vitalité prodigieuse et
l'infatigable activité de l'art en ce temps-ci. L'on peut, assurément,
s'étonner d'apprendre que le jury de peinture a vu, dans le cours de ses
travaux, défiler plus de sept mille œuvres et qu'il a suffi qu'il en jugeât
le tiers, à peu près, digne de figurer au Salon pour que trente-deux
salles du Palais de l'Industrie soient bondées de tableaux, de la cimaise
au faîte, et de façon à n'y plus loger un *liseur* de Meissonier. Sept mille

tableaux, certainement c'est un lot de tableaux très respectable, étant
donné surtout qu'il représente seulement la besogne d'une année et qu'il
est encore bon nombre d'ar-
tistes, qui redoutent, ou
dédaignent, le grand jour du
Salon. Mais il faut considérer
aussi que, d'ordinaire, on
ne doit compter qu'un peintre pour deux envois ; que le
lot en question, les étrangers
ont contribué puissamment
à l'arrondir ; que dans les sept
mille envois il y a deux mille
croûtes pour le moins, essais
d'amateur qui barbouillent
pour se distraire ou de petits
bas-bleus qui se sont férues
de l'idée qu'elles avaient la
vocation. Cela représente assez communément une fleur
dans un pot, un fruit dans
une assiette, ou l'oignon du
gendre de M. Poirier et, souvent, cela suffit à constituer
le musée d'une famille.

Ce dont, véritablement,
il convient de s'étonner, c'est
de la somme d'efforts, de
l'énormité de labeur que représente un Salon comme
celui de cette année — efforts
et labeur trop souvent, hélas !
dépensés en pure perte. Il
semble que tout le monde
ait voulu porter un coup,
montrer, comme on dit, ce
qu'il a dans le ventre et don-

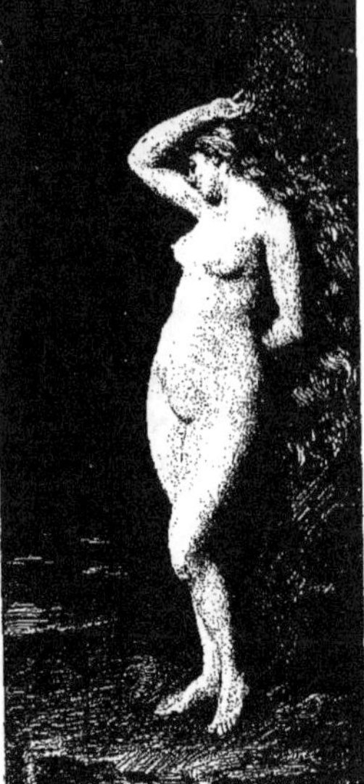

Carolus Duran. *Andromède.*

ner tout ce qu'il pouvait donner. C'est que l'amateur se fait plus rare
et qu'il est moins prompt à s'enthousiasmer que jadis ! A contempler la

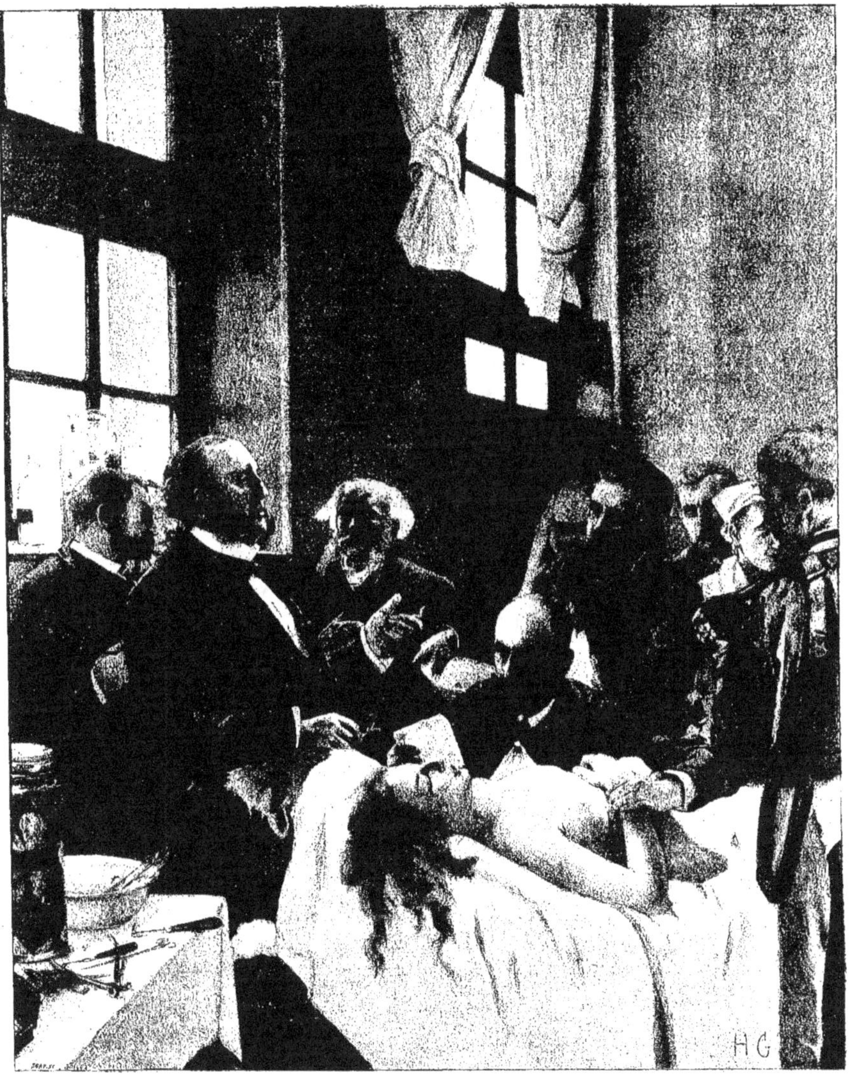

Henri Gervex. *A l'Hôpital Saint-Louis.* (dessin de l'auteur).

plupart des œuvres, on sent que la fièvre de l'émulation a sévi ferme cette année dans les ateliers et qu'on s'est efforcé par tous les moyens d'aguicher l'attention du public et de la détourner du voisin que le hasard vous donnerait. Aussi les grands tableaux foisonnent au Salon de 1887 — à ce point qu'il a fallu, tout exprès pour eux, surélever les cloisons et les consolider.

Le Salon de 1887 est un salon *gris*. J'entends par là que le plus grand nombre des tableaux qu'on y rencontre ont été peints avec le souci des recherches nouvelles et sur des projets nouveaux, directement d'après la nature, soit dans la lumière éparpillée du grand jour, soit sous le plein soleil qui mange les ombres, sèche les contours et décolore les objets, soit dans la clarté molle, enveloppante et ouatée des journées sans rayons.

Partout s'accuse clairement le dessein de réagir contre la peinture d'école, de dire zut à ses formules, à ses recettes, à ses jus, à ses sauces et à ses coulis. Pauvre peinture d'école, elle n'a plus grand temps à vivre, et on la trouvera, quelqu'un de ces matins, expirée dans les bras de M. Cabanel! Seulement, comme il arrive communément, la réaction s'est produite avec un peu trop de violence. « Il faut éclaircir la palette! » La révolution s'est faite avec ce mot-là. Mais on l'a trop éclaircie et la haine de la peinture au bitume nous a valu l'abus de la peinture à la craie. N'empêche que l'art de notre temps doit à l'impressionisme une fière chandelle !

Nous avons dit : Salon gris ; Salon triste aussi. Il y a là, philosophiquement, un fait à noter en passant. Sitôt que l'art s'affranchit de la convention pour s'en retourner à la nature, il est surtout impressionné par

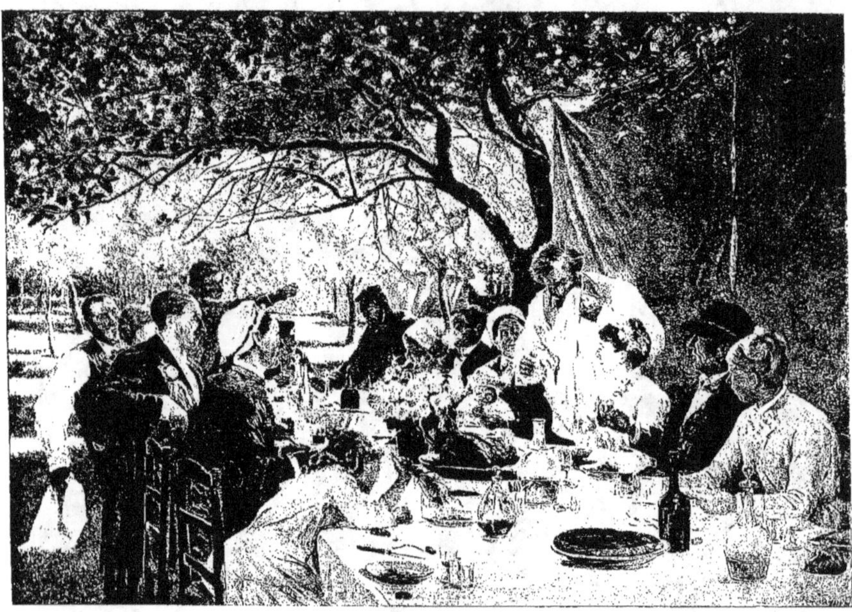

A. FOURIÉ. Un Repas de noces à Yport.

la misère des gens et par la mélancolie des choses. C'est quand il subit ces deux inexorables lois du travail et de la douleur sous lesquelles Dieu, suivant le mythe biblique, l'a plié, que l'homme est particulièrement, pour l'artiste aussi bien que pour le poète, un sujet d'étude intéressant. Dans sa fonction d'individu qui peine et qui souffre, il est presque toujours pittoresque et grand. Les sujets rustiques, où l'on voit les gens des champs obstinément attachés à leur labour, les épisodes, dramatiques ou touchants, de la vie des humbles, abondent donc à ce Salon. Par contre, on n'y voit que peu de tableaux d'histoire; encore la plupart de ceux-là, subissant l'influence des temps, sont-ils accommodés à la moderne, alors même que leurs auteurs sont notoirement connus pour avoir goûté les doux loisirs de la villa Médicis ou pour aspirer après eux.

Que dire encore de ce Salon qui serve à le caractériser? Plus grand chose! Ainsi que tous les ans, l'imitation des œuvres à succès de l'Exposition précédente y sévit. Désireux de ne pas dérouter la clientèle et de ne pas mécontenter l'acheteur, les spécialistes y ont envoyé les produits les plus alléchants de leur spécialité. Bon nombre de tableaux d'étrangers y seront fort remarqués. Enfin, — fait à prévoir — on y compte dix portraits environ, bustes et tableaux du général Boulanger.

Pour les observations qu'il nous reste à faire, elles trouveront à se placer aisément dans la rapide revue que nous allons passer des principales œuvres exposées.

∴

Il en est une dont il convient de s'occuper tout d'abord. C'est un vaste carton de M. Puvis de Chavannes: le projet d'une décoration que l'État lui a commandée l'an dernier et qui doit orner la nouvelle Sorbonne. Elle couvre, en entier, le pan de mur faisant face au grand escalier qui mène au Salon d'honneur.

M. Puvis de Chavannes avait à conter dans une immense composition le caractère et les travaux de la Sorbonne; à la représenter dans sa fonction d'*Alma Mater*, vigilante protectrice et surveillante attentive des recherches et des progrès de l'esprit humain.

Pour mener à bien cette tâche écrasante, il a groupé dans un tranquille paysage, enclos par un rideau d'arbres et qu'emplit une paix profonde et divine, une série de personnages harmonieusement assemblés pour des besognes diverses et par qui les sciences et les lettres sont symbolisées. Au centre du tableau, sous les traits d'une jeune femme entièrement drapée et qui tient ses bras croisés dans un geste exquis de simplicité, la Sorbonne. Elle a les yeux baissés et son visage d'une

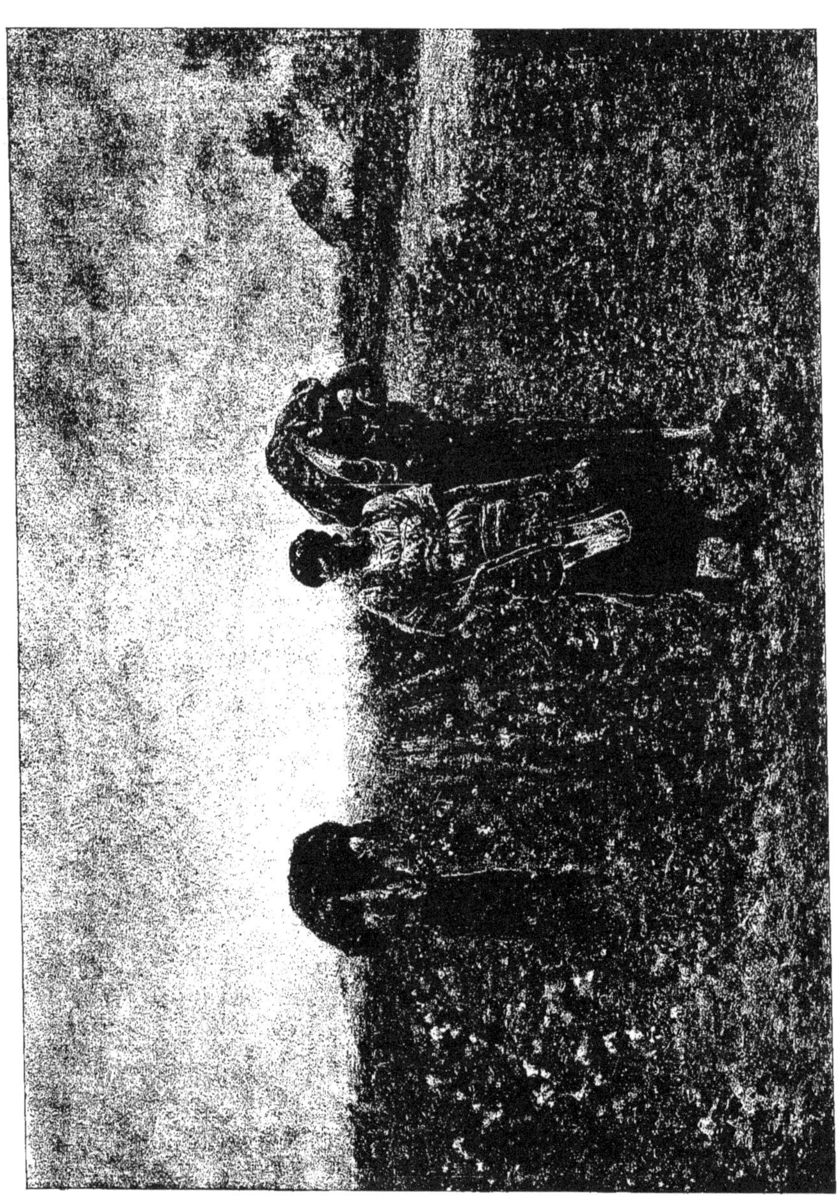

Jules Breton. *La fin du travail.*

beauté douce et sereine semble éclairé du reflet de quelque pensée nouvelle. Deux génies sont debout à ses côtés tenant des palmes à la main.

Auprès d'elle, l'Inspiration. Pendant qu'elle s'avance en chantant les
yeux dans le ciel, étreignant sa poitrine de sa main comme pour en
apaiser les battements, la Poésie se tourne à demi vers un groupe d'auditeurs extasiés et leur fait signe d'écouter. Un peu plus bas, au premier
plan de la composition, un jeune homme, venu pour boire à la source de
la Poésie, se penche au-dessus d'elle, en même temps qu'un autre, un
genou sur la rive, offre à un vieillard, avec un geste plein de grâce, une
coupe emplie de l'eau qu'il vient d'y puiser.

Quelques-unes des Sciences sont assemblées à droite, assises ou debout, nues ou mi-vêtues, entourées de symboliques attributs qui suffisent

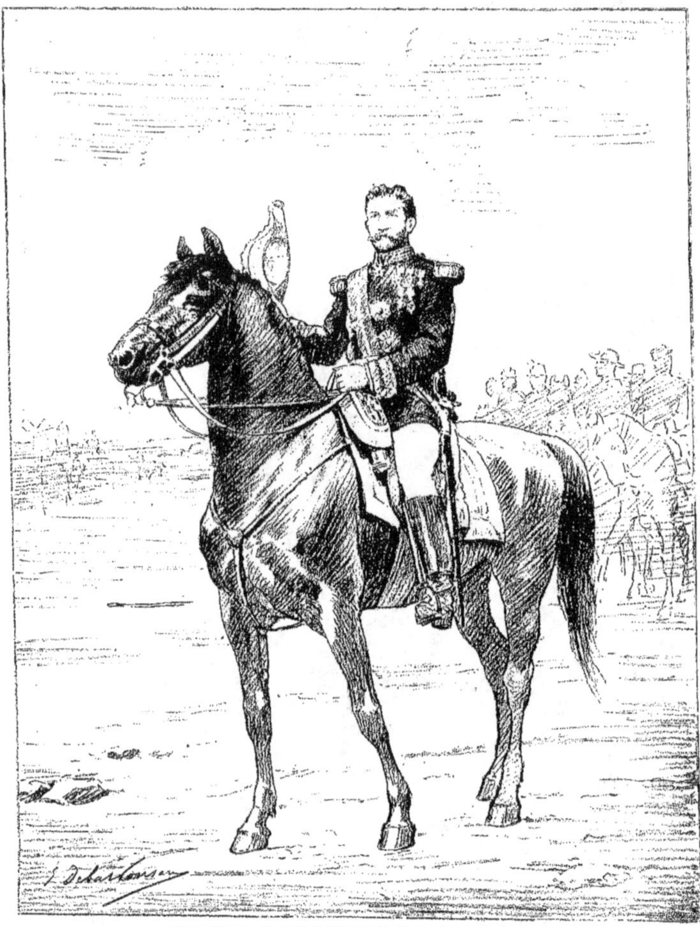

Débat-Ponsan. *Portrait du Général Boulanger* (dessin de l'auteur).

à les désigner. Un groupe de jeunes hommes a fait halte devant une
figure à l'air mystérieux et qui soulève un coin seulement du long voile
dont elle est tout enveloppée. D'entre les mains de l'un d'eux, une flamme
jaillit; d'autres hommes, plus en avant, entourent un des leurs qui
poursuit, un compas à la main, la solution de quelque problème.

A la gauche du tableau les autres Sciences : la botanique, la physio-
logie, l'histoire, suivie d'un enfant qui porte ses tablettes et vers qui,
d'un mouvement fier, un jeune homme tend une branche de lauriers.
Plus à gauche encore voici, perdu presqu'à mi-corps dans une large
tranchée, le groupe des archéologues. Un bambin de l'équipe a découvert un casque dans la fouille et, tout radieux de sa découverte, il s'en
coiffe avec un air triomphant. Tout au coin de la vaste toile, un vieillard,
la personnification, sans doute, de la science ancienne, avec un geste
découragé, laisse glisser un manuscrit de ses doigts.

Tel est, sommairement décrit, l'aménagement de ce vaste ensemble
décoratif, dont M. Puvis de Chavannes a voulu, comme il avait fait jadis
pour son *Ludus pro patria*, soumettre le projet aux visiteurs du Salon
de 1887. Le concept en est d'une imposante harmonie, à la fois d'un
charme exquis, d'une simplicité touchante et d'une sévère grandeur. On
y suit, sans effort, la pensée du maître et l'on voit aisément de quelles

séductions picturales il saura la parer plus tard. Assurément il va se trouver encore, devant cette œuvre d'une inspiration si puissante et d'une si majestueuse envolée, des gens qui viendront chicaner sur d'insignifiants détails, ergoter à propos d'une routule et discuter la vérité d'une attitude où la réalité d'un geste. Il faut les laisser ratiociner à l'aise et ne pas leur en vouloir. Ce n'est pas pour ceux-là que les grands poètes et les grands artistes ont hérité le don céleste.

Le très important tableau, que M. François Flameng expose à ce Salon — *Abélard sur la Montagne-Sainte-Geneviève* — est, ainsi que la décoration de M. Puvis de Chavannes, destiné à l'ornement des murs de la nouvelle Sorbonne, alors que la nouvelle Sorbonne aura des murs. En attendant que le plaisir, peut être un peu lointain, de l'y voir appendu lui soit donné, M. Flameng est assuré d'emporter avec cette œuvre un très vif succès à l'exposition qui va s'ouvrir.

Dans la vaste salle, encore à ciel ouvert, d'un monument, qu'on s'occupe à construire, Abélard est debout entouré de ses disciples. A la main droite il tient un gros manuscrit dans lequel il lit à haute voix, et de sa main gauche il semble souligner quelque passage important de sa lecture. Groupés autour de lui, les élèves prêtent à la voix du maître une oreille attentive. Il en est qui se sont accotés aux piliers du monument, d'autres ont pris place sur le mur d'appui d'un escalier qui descend vers la ville, on en voit un autre assis sur un escabeau ; deux autres ont pris possession d'un massif établi et l'un de ces deux-là feuillète fiévreusement un énorme in-folio qu'il vient d'y déposer. Paris dans le fond déroule son panorama à l'horizon duquel se dessinent finement les silhouettes de ses collines enveloppées d'une brume légère.

La scène est intéressante et très pittoresquement contée. Les personnages sont groupés habilement, hardiment dessinés et leurs physionomies peintes avec beaucoup d'adresse expriment bien l'attention et le recueillement.

M. Besnard figure également au Salon de cette année avec une œuvre décorative ; œuvre originale et curieuse, ainsi que toutes celles auxquelles s'entreprend ce peintre amoureux de la couleur, épris de fantaisie, passionné pour la recherche et pour la nouveauté. Elle doit, autant qu'il en semble, appartenir à la série des décorations, dont M. Besnard emporta, ces années passées, la commande après un concours de la Ville de Paris.

L'artiste a pris pour sujet de sa composition : *la Vieillesse*, et il s'est ingénié à l'allégoriser de la façon la plus simple. Assis au seuil de leur maison, deux vieillards, deux époux, que le temps a pliés, tordus de sa rude main et qu'il va bientôt rejeter au néant, semblent suivre de leurs yeux éteints, dans la mourante clarté d'un jour d'hiver, le vol fuyant d'un fantôme, le fantôme de leur jeunesse. La toile est d'une coloration particulièrement fine et le groupe des vieux a été peint avec une distinction de sentiment et une délicatesse d'art peu communes.

C'est également pour une Mairie — celle de Pantin — que M. Lafon a exécuté le panneau qu'il nous montre cette année. Son projet de concours nous avait séduit lorsqu'il fut, en compagnie d'une centaine

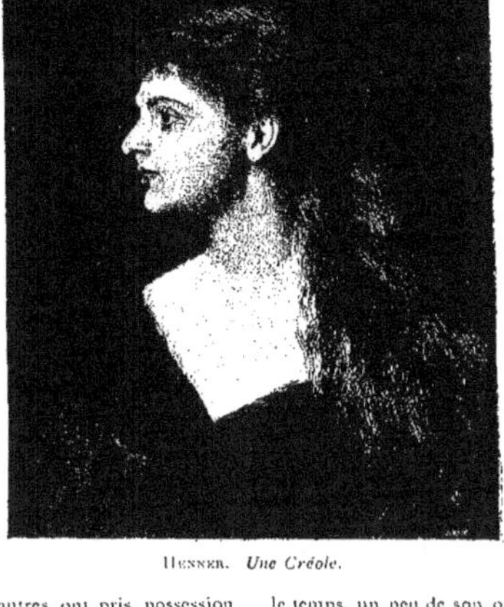

HENNER. *Une Créole.*

d'autres, exposé dans l'une des salles de l'Hotel-de-Ville, et nous avions bien auguré de son exécution. Nos prévisions se sont, au moins en grande partie, réalisées. Sa composition ne manque ni de fraicheur ni d'éclat, et le corps de la nymphe qui tourne, avec un peu d'irrévérence, le dos aux futurs contribuables de Pantin est un appétissant morceau de nu.

L'an dernier M. Montenard abordait la grande décoration pour la première fois, avec un grand panneau tout empli de soleil, et d'une coloration chaude et claire. Il nous revient à ce Salon avec un panneau de même sorte, et qui, vraisemblablement, a la même destination.

M. Montenard est un Toulonnais de Toulon. Il y a longtemps déjà qu'il a planté son parasol sur la terre natale, et pris — artistiquement s'entend — possession de ce coin pittoresque du Midi que sèche le soleil ardent de la Provence, où les oliviers rabougris flambent à l'ardeur des rayons, où les chardons dans le sol poudreux, poussent comme des arbres, et qu'emplit l'assourdissante chanson des cigales. Il le sait sur le bout du doigt et il le peint à ravir, avec l'amour d'un bon fils et le talent d'un véritable artiste.

Son tableau de cette année — *Sous un Olivier* — vaut autant, peut-être mieux, que celui de l'an passé. La facture en est plus libre et plus simple et les figures des deux femmes qui sont venues demander à un vieil olivier entamé rudement par le temps, un peu de son ombre, s'harmonisent mieux avec la composition, sont brossées avec plus de vigueur et d'une main plus expérimentée. Les œuvres de M. Montenard accusent, à chaque nouveau Salon, des progrès nouveaux. Il n'a plus grand'chose à faire avant de devenir un des bons peintres de ce temps-ci.

M. Karbowski est un jeune artiste également à qui, s'il tient ce qu'il promet, on peut prédire aussi d'heureuses destinées. Son panneau décoratif a de quoi plaire aux amateurs et au public et certainement il sera très remarqué des uns et des autres. On nous dirait que M. Karbowski est homme d'esprit que nous n'en serions pas le moins du monde étonné, même nous inclinons à penser qu'il a des lettres et connaît ses auteurs. Écoutez donc ! le fait n'est pas, pour un peintre, aussi commun qu'on le pourrait croire ! Son panneau fleure le parfum d'un conte de Diderot ou de l'abbé Prévost.

Il se divise en trois parties, et l'histoire commence à la droite du tableau. Une jeune femme

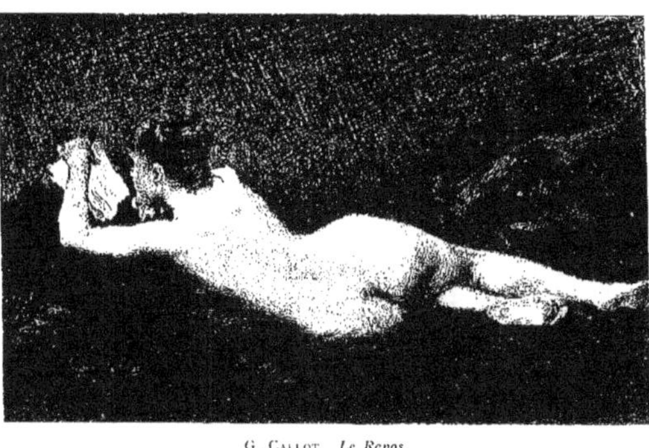

G. CALLOT. *Le Repos.*

en costume Louis XV, attifée gentiment — comme on s'est attifée de tous temps pour un galant rendez-vous — descend les marches d'un escalier, au sommet duquel une personne d'âge à l'air de lui souhaiter la bonne-revenue. Un monsieur de bonne mine stationnait avec son carrosse, à la porte de la maison. Elle y monte en sa compagnie, et fouette cocher, en route pour les champs... où nous retrouvons nos promeneurs à la gauche de la toile.

Nous sommes-nous trompés ? L'historiette est-elle un drame ? En tout cas il n'y paraît guère. Il y a d'excellents morceaux dans cette œuvre décorative et son arrangement est ingénieux. M. Karbowski s'entend à composer et à peindre, et ses personnages sont très finement dessinés.

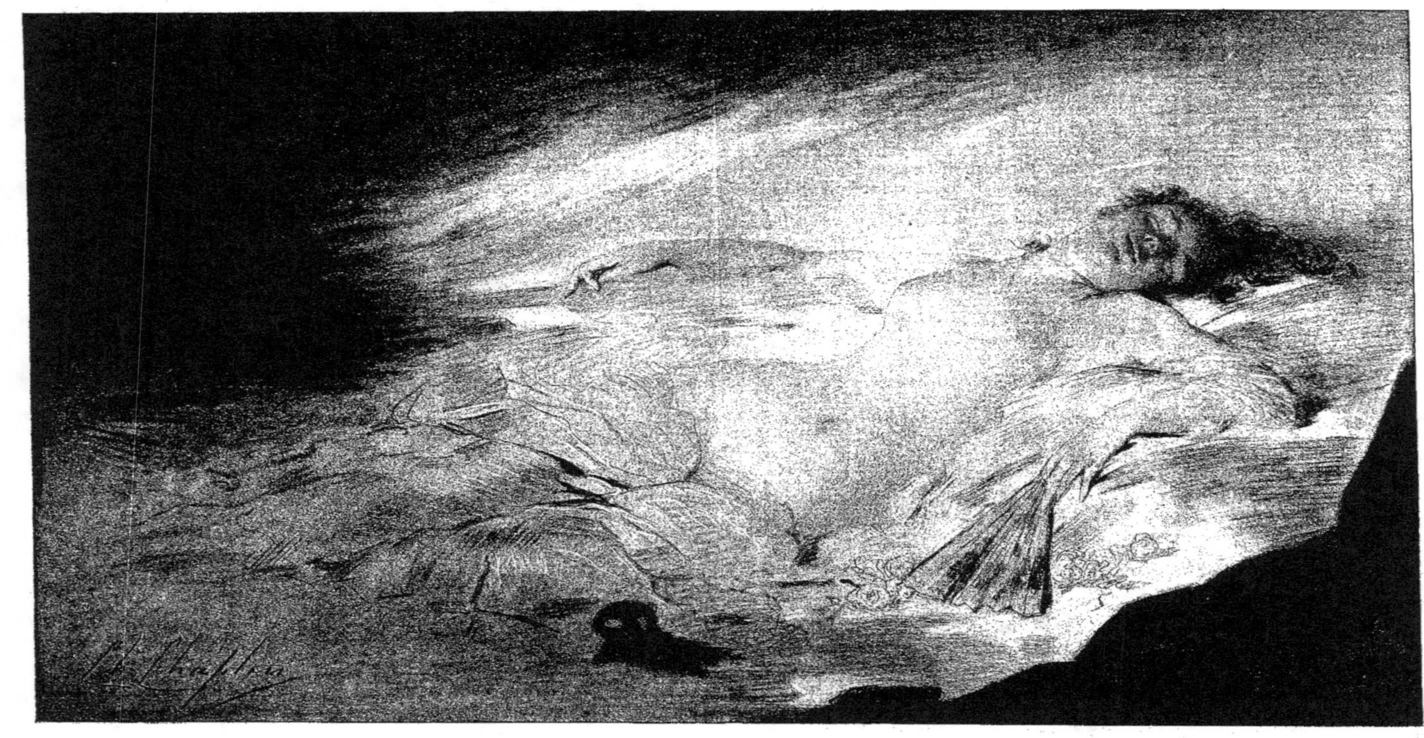

CH. CHAPLIN. — Dans les rêves. — Dessin original aux trois crayons.

Parmi les décorations exposées au Palais des Champs-Elysées, on peut citer encore un agréable plafond de M. Perrault : *la toilette de Vénus*, et une *Entrée de la rade de Toulon*, de M. Dauphin, qui n'est pas sans qualités.

.·.

C'est un fait dont, même à l'école des Beaux-Arts, on ne saurait contester la véracité que la peinture religieuse et la peinture d'histoire sont représentées plus misérablement chaque année à nos Salons. A vrai dire elles n'y figuraient pas, autrefois, avec beaucoup plus d'honneur mais les tableaux d'histoire et les tableaux religieux y étaient en plus grand nombre : à défaut de la qualité l'on avait au moins la quantité des œuvres. Il n'y a pas à se le dissimuler, l'article est démodé. L'État rechigne aux commandes :

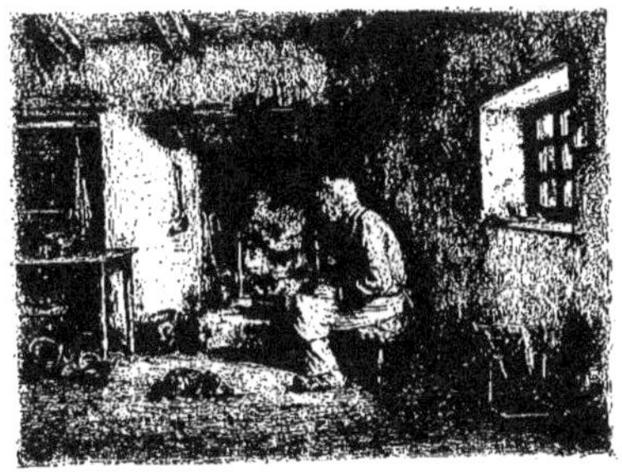

E. ADAN. *La Sortie de l'Église* (dessin de l'auteur).

il trouve, vraisemblablement, que les églises ont été suffisamment encombrées, jadis, de tartines de sainteté, et que le compte y est. Il faudrait errer longtemps à travers les salles avant d'y dénicher un *Christ* ou

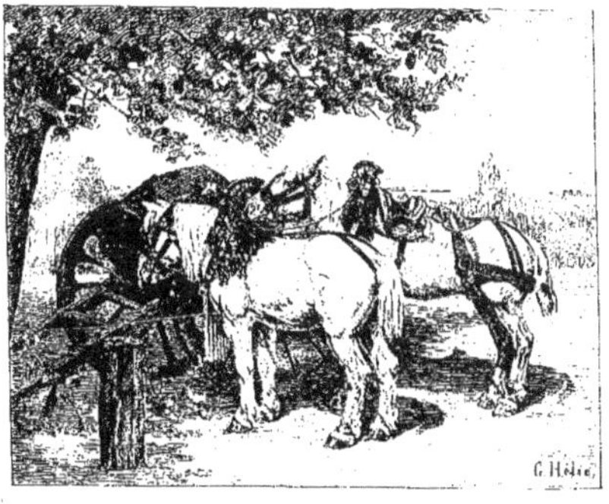

P. SOYER. *Solitaire* (dessin de l'auteur).

un *Martyr*, et l'on en serait encore pour le désagrément d'avoir découvert leur retraite. Il y a bien, perdu quelque part, un *saint Jean-Baptiste*, de M. Wagrez, mais nous n'osons pas vous conseiller de risquer le voyage.

La Bible, en revanche, a fourni l'occasion à M. Girardot de peindre un bon tableau représentant *Ruth et Booz*. Fatigué des travaux du jour, le vieillard s'est endormi sur un tas de gerbes, en un coin de la grange où la récolte est entassée. Ruth, à genoux près de lui, le front touchant sa poitrine et les mains unies, contemple en rêvant la « faucille d'or » jetée par le divin moissonneur « sur le champ des étoiles ».

M. Leroy a puisé dans le livre saint le sujet d'un *Samson* qui mérite d'être cité. Raidissant ses muscles et le dos courbé par l'effort, le juge d'Israël, demi-nu, la chaîne au cou, se dépense à tourner la meule en un rude et continuel effort, poursuivi dans sa ronde par les railleries des Philistins. La toile a de la vigueur, du pittoresque et de la couleur.

M. Barrias s'est inspiré du Nouveau-Testament et il a peint une *Conversion de sainte Marie-Madeleine* à laquelle il a donné certain petit air profane qui ajoute du montant au tableau. La grande amoureuse est agenouillée dans un coin du temple, où Jésus fait sa prédication accoutumée. Etreignant sa poitrine de l'une de ses mains, de l'autre soutenant sa belle tête éplorée, elle contemple extasiée le divin charmeur.

M. Georges Rochegrosse a fait une double excursion cette année au pays des vieilles histoires. Il a peint une Mort de César qu'il intitule *La Curée* et une *Salomé devant le roi*. La première œuvre est un immense tableau d'une conception puissante et d'un grand caractère où l'assassinat de César est tragiquement conté ; la seconde, une toile exquise, amoureusement caressée, sertie comme un bijou d'Orient, étincelante de couleur, où le jeune artiste a dépensé, sans compter, les ressources de son art et le trésor de sa fantaisie.

Au signal donné, tous les sénateurs ont quitté leurs sièges et se sont rués en même temps sur César. « Ils étaient acharnés sur lui, dit l'historien ainsi que des chiens sur une bête fauve. » Ivres de fureur, affolés de férocité, ils ont frappé, frappé sans voir, se blessant eux-mêmes de leur stylet ; et le vainqueur des Gaules, l'œil obstinément fixé sur Brutus, vient de s'abattre expirant aux pieds de la statue de Pompée. Un grand coup de soleil dore la haute colonnade de la curia Pompeia accrochant des lumières vives aux trophées de la guerre des Pirates.

Serrée dans une tunique de gaze, étroite et transparente, les bras, les seins et le buste nus, un lotus bleu dans la main droite, et dans la gauche un lotus rose, Salomé danse au son des flûtes et des mandores, devant Hérode et devant son hôte le préteur Vitellius qui fut empereur de Rome. Un frisson de ravissement court dans l'assemblée et tout autour des tables, où s'entassent les mets rares et les vins précieux, les regards s'allument et fixent ardemment la danseuse. Avec ces deux excellents tableaux, M. Rochegrosse est assuré de remporter un grand et légitime succès au Salon.

C'est une *Hérodiade* que M. Henner expose avec sa *Créole*, dont nous donnons la reproduction en ce supplément. Elle est debout, vêtue d'une tunique rouge qui laisse les bras et les seins à découvert. Dans ses mains elle tient le plat traditionnel, le plat des légendes, le plat qui contiendra la tête de saint Jean aussi longtemps que l'on peindra des saints Jean et des Hérodiade.

Elle est exquise, vraiment, cette figure, et M. Henner est bien décidément un maître incomparable en l'art d'exprimer cette « argile idéale » qui est la chair de la femme, de lui garder sa chaleur, son velouté, sa

HÉLIE. *Chevaux de trait* (dessin de l'auteur).

souplesse, en sorte qu'on croie la voir palpiter et qu'elle semble vivre.

M. Gumery a peint également une *Hérodiade*, mais une Hérodiade avant la tête et avant le plat. Elle passe, étendue dans sa litière, entourée de ses courtisans et de ses femmes. Le terrible baptiseur l'apostrophe du haut de son rocher et la menace de la colère divine.

M. Cormon n'avait pas réapparu à nos Salons avec une œuvre de grand format depuis le temps où il exposa son *Age de pierre*. Il revient à celui-ci avec un tableau d'une colossale dimension : les *Vainqueurs de Salamine*.

La bataille est gagnée ; le Mède est en fuite et l'Attique, au moins de longtemps, n'en aura plus l'inquiétude. Encore tout vibrants et tout chauds du combat, les vainqueurs viennent de débarquer. Chargés de trophées et de dépouilles, ils s'avancent à grands pas, en rangs pressés, précédés d'un long cortège de femmes et de jeunes filles. Le visage

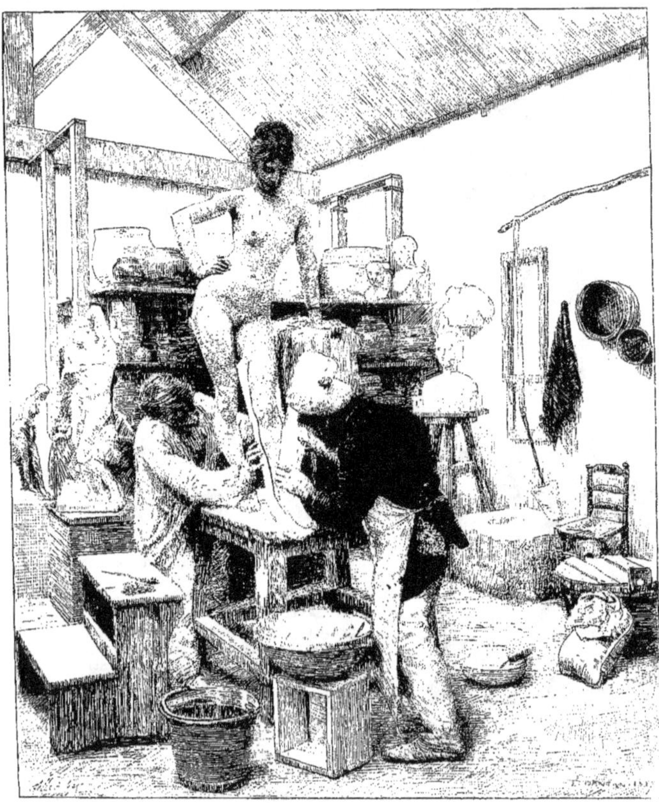

E. DANTAN. *Le Moulage du Modèle* (dessin de l'auteur).

rayonnant de l'orgueil du triomphe et de la joie du revoir, elles les entourent en chantant, en dansant, en agitant des palmes.

Ce tableau est très ingénieusement distribué et contient d'excellents morceaux : certaines figures de femmes, notamment, d'un modelé délicat et d'une élégante allure.

On aurait mauvaise grâce à ne pas complimenter, très vivement, M. Cormon, de s'être entrepris à ce vaste tableau qui, d'ailleurs, lui fait grand honneur. A une époque où bon nombre de nos artistes envisagent l'art comme une marchandise et fabriquent, au mètre, à la toise, à tant la douzaine et à quatre-vingt-dix jours, des petits tableaux d'exportation, il est salutaire et sain de rencontrer un peintre assez courageux pour s'attaquer à une œuvre qui lui restera, probablement, pour compte, à moins que l'État ne consente à l'acquérir au prix du cadre.

L'an dernier M. Cabanel exposa deux bons portraits au Salon. Dans la vie des artistes il y a parfois de ces hasards-là. Nous fûmes des premiers, et des plus empressés, à l'en féliciter ; et nous nous en réjouissions même. « Peut-être, pensions-nous, M. Cabanel a-t-il été touché de la grâce et peut-être va-t-il, sur ses vieux jours, s'éloigner de l'Académie pour se rapprocher de la Nature ? » Espérance vaine. La *Cléopâtre* que M. Cabanel expose cette année rappelle, par sa couleur, les jours les plus fâcheux de son histoire.

On voit au Salon beaucoup de tableaux de nu ; mais de bons tableaux de nu, par contre, on n'en voit guère. En revanche, on n'a pas souvent l'occasion d'en contempler un de la valeur de celui qu'expose M. Chaplin. Le maître a peint une femme endormie. Elle s'offre au regard dans la splendeur de son irréprochable et fière nudité. Son visage qu'on aperçoit en raccourci, paupières closes et lèvres entr'ouvertes, est dessiné magistralement et modelé avec un art infini. Les seins d'un

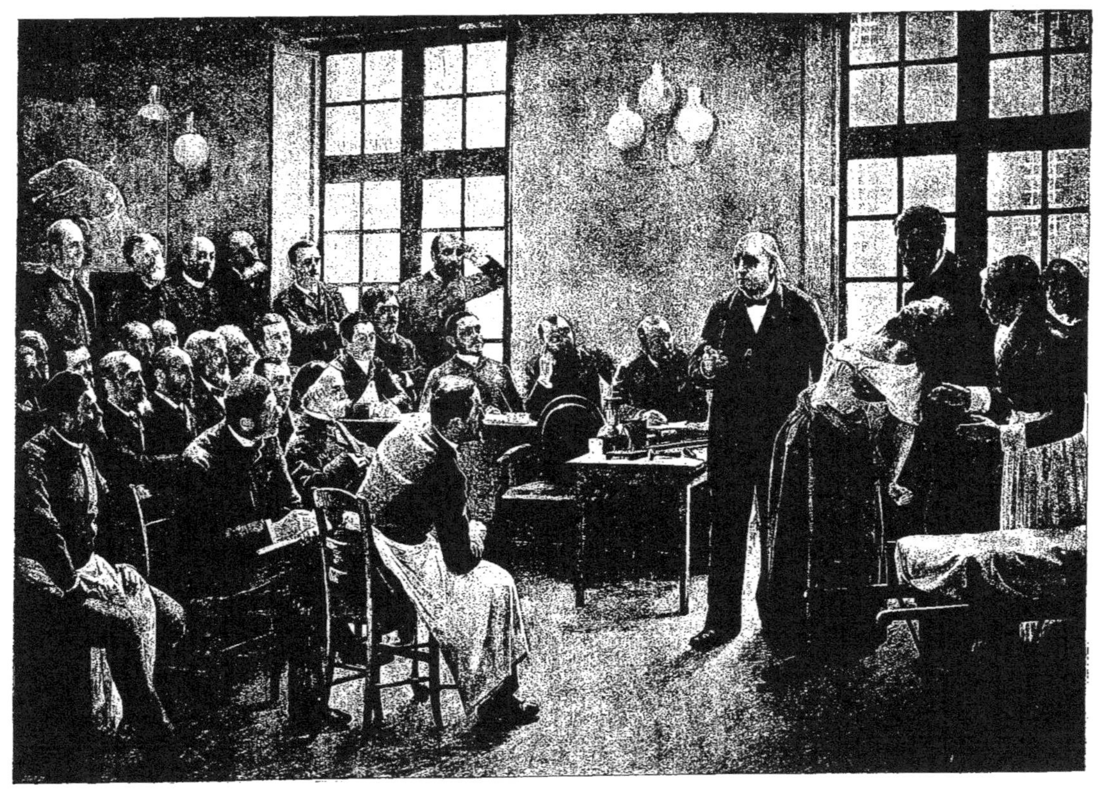

A. BROUILLET. *Une leçon clinique à la Salpêtrière.*

contour ferme, délicat, semblent palpiter doucement sous l'effort lent et régulier de la respiration. Tout, en cette irréprochable étude atteste chez le peintre une rare conscience, un goût impeccable et un grand savoir. Nous ne pensons pas qu'il y ait un artiste en ce temps-ci qui possède à un plus haut point que M. Chaplin, l'amour et le respect de la nature.

L'*Andromède* de M. Carolus Duran est un des meilleurs morceaux que cet habile et puissant coloriste ait exécutés. La figure de l'*Andromède* est charmante, le buste grassement et solidement peint,

M. Callot expose un *Repos* d'une facture ferme et d'une belle couleur. Il y a de la souplesse et de la grâce dans le corps de femme exposé par M. Chalon et qu'il intitule au livret : *une Femme, des fleurs*. A citer encore : la *Cythérée* de M. Lionel et la *Flore* de M. Priou ai- mable tableau qui tient du nu et de la décoration à la fois.

.·.

Il est grand temps, si nous ne voulons prolon- ger ce rendu compte du Salon au-delà du temps qui nous est imparti, de passer la revue des scènes modernes.

Nous avons dit que les grands tableaux abon- daient au Salon. Il en est un, parmi ceux-là, qu'il serait assez malaisé de classer dans aucun genre et qui, pourtant, appartient au meilleur de tous : le genre des bons tableaux. C'est celui que M. Roll expose et qui s'intitule au livret : LA GUERRE : *Marche en Avant*.

Encore que l'artiste ait représenté des soldats, ce n'est pas d'un tableau militaire à proprement parler, qu'il s'agit ici. Avec cet envoi, M. Roll continue, simplement, la série des études contemporaines auxquelles il s'est entrepris déjà depuis longtemps, et où il a résolu de nous conter l'homme de ce temps-ci dans les fonctions diverses, ou dans les divers évènements, que les exigences ou les hasards de la vie lui ont imposés.

Assurément M. Roll poursuit en peinture, avec sa *Marche en Avant* de cette année, comme avec son *Inondation*, sa *Grève* et son *Chantier* de ces années passées, la réalisation d'un vaste projet d'ensemble, ana- logue à celui que M. Zola tente de mener à bien en littérature.

Une grande plaine, à l'aube ; à l'horizon des collines boisées mou- tonnent, encore envelop- pées de brume matinale. Une lueur d'aurore éclaire le paysage et le ciel.

Déjà, dans le fond du tableau, l'artillerie, sur les crêtes, échevèle ses fumées blanches. A la droite de la composition, traversant un chemin défoncé, que bar- rent en partie le cadavre d'un mulet de bât et les débris d'une charrette, un régiment s'avance en co- lonnes serrées. Les hom- mes des premiers rangs ont déjà pris leurs dis- tances et s'égaillent en ti- railleurs sur la gauche. Au- devant de la toile un soldat du génie s'agenouille, une lampe à la main, afin de dresser un appareil opti- que et de le mettre au point.

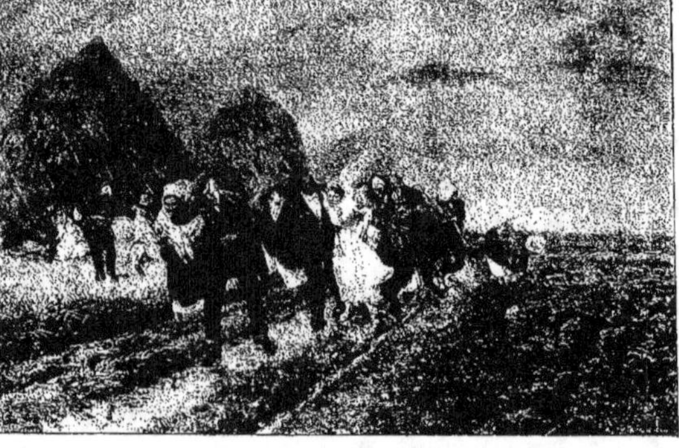

Buisrot. *Noce surprise par l'orage.*

Un officier encapuchonné qu'escorte, un paysan, gravit le chemin au petit trot de son cheval. Dans le lointain un ballon, que vient de lancer une compagnie d'aérostatiers installée dans la plaine avec tout son matériel, plane au-dessus du champ de bataille.

Il est aisé de voir que M. Roll avait, en brossant cette vaste toile, un autre souci que celui d'évoquer chez nous, après d'autres qui l'ont si bien fait, le souvenir de l'un de nos récents combats. Les troupiers sont

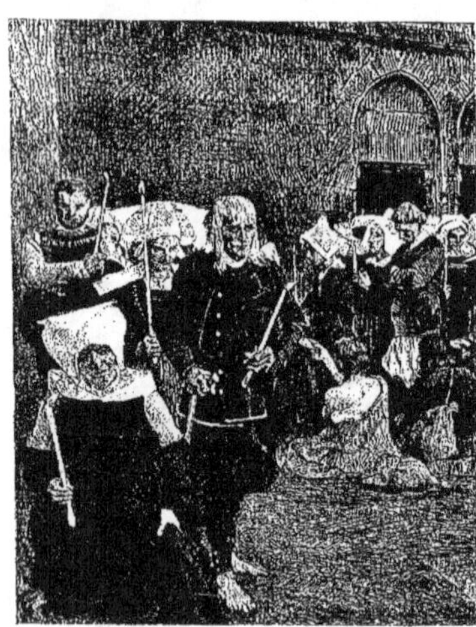

Dagnan-Bouveret. *Un Pardon en Bretagne.*

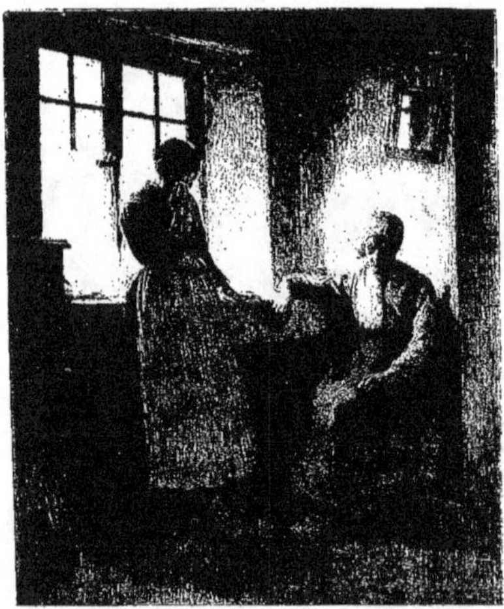

Warrener. *Un Aveu* (dessin de l'auteur).

armés du Kropeicheke, uniformés à la dernière ordonnance. Il a voulu seulement nous montrer l'homme occupé de sa fonction, du soldat devenu chair à canon, brusquement, de chair à misère ou de chair à plaisir qu'il était la veille, et s'exerçant avec les outils et dans le milieu qui lui conviennent.

A notre avis le talent de M. Roll ne s'était pas encore manifesté d'une aussi magistrale façon que dans cet envoi. Le mouvement qui emporte en avant tout ce troupeau d'hommes est exprimé avec une intensité de réalité poignante et une force irrésistible de vérité. Les figures des soldats pétries en pleine pâte, d'une main robuste et savante, ont l'émotion et le vivant de la vie. Et quel décor! Avec quelle vigueur il est brossé ce grand paysage souriant éclairé par un soleil matinal et duquel va monter tout à l'heure, avec la rumeur formidable du combat, la plainte lente des agonies?

Il y a longtemps déjà que M. Roll envoie à nos Salons des tableaux qui l'ont placé haut dans l'estime des artistes. Il n'a pourtant pas encore obtenu d'eux la médaille d'honneur. Ne feraient-ils pas acte de réparation et de justice en la lui décernant cette année?

Ainsi que celui de M. Roll le tableau de M. Duez — Le Soir — n'appartient pas à un genre déterminé; c'est plus qu'un paysage et mieux qu'un tableau d'animaux, ou si vous voulez c'est l'un et l'autre assemblés

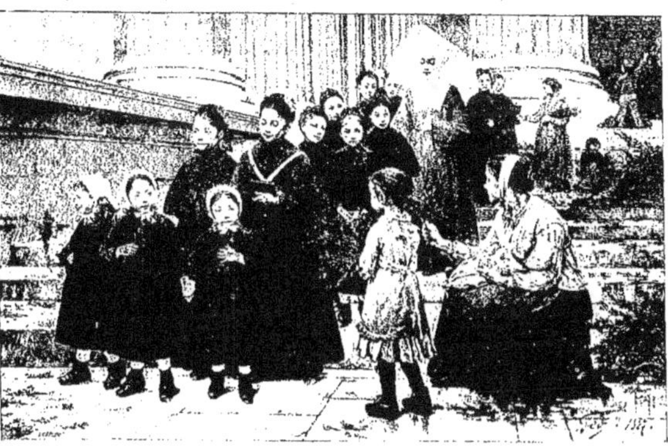

Geoffroy. Les Rameaux.

à la Salpêtrière, en présence de ses élèves et des rares curieux qui, par faveur spéciale, ont obtenu d'y assister.

La salle où se donne la leçon. Elle est éclairée par deux larges fenêtres ouvrant sur l'une des cours de l'hôpital. Par ces fenêtres, à travers des cimes d'arbres, on aperçoit ses murailles blanches.

Le professeur est debout à la droite du tableau, tête nue, l'un des bras au corps, l'autre à demi tendu, dans un geste qui lui est familier, ayant devant lui son auditoire. A ses côtés M. Babinski, son chef de clinique, soutient une hystérique entre ses bras. Elle vient de se renverser sur lui, buste ployé, tête en arrière et bras pendants. Tout près de la malade, attentive à tous ses mouvements et les mains en avant, se tient une surveillante. Elle est bien connue des visiteurs et des hôtes de la maison. C'est la mère Brottard, une brave femme, intelligente et dévouée, la doyenne du service.

Les auditeurs se sont installés de leur mieux à la table des élèves, sur les chaises et sur les tabourets qui garnissent la salle, dans les embrasures des fenêtres et le long des murs, les uns assis, les autres debout, ils suivent la leçon du maître avec une attention vive en observant le sujet. Le tableau est vivant, mouvementé, étudié de près, exact assurément. La tête et les épaules de la malade sont deux morceaux très fins et dessinés à ravir.

L'artiste a réuni là des notabilités littéraires et scientifiques. Au premier plan M. Jules Claretie et M. Naquet, plus loin MM. Paul Arène et Burty, le docteur Ferré, le docteur Bourneville etc., etc.

M. Gervex expose en une salle voisine un tableau de moindre dimension mais non pas de moindre importance. Il nous montre le docteur Péan professant, comme à son ordinaire, à l'hospice Saint-Louis. Le savant est debout de profil, le bras à demi tendu. Devant lui, étendue sur un lit de l'hôpital, une malade est endormie le buste découvert, les bras ramenés sur la poitrine nue. Un médecin agenouillé près d'elle compte les battements de son pouls; un autre, une cuvette à la main, prête l'oreille aux explications du maître. Une Sœur de Charité se tient non loin de là, prête à donner ses soins quand sera venu le moment de l'opération. Les assistants sont groupés

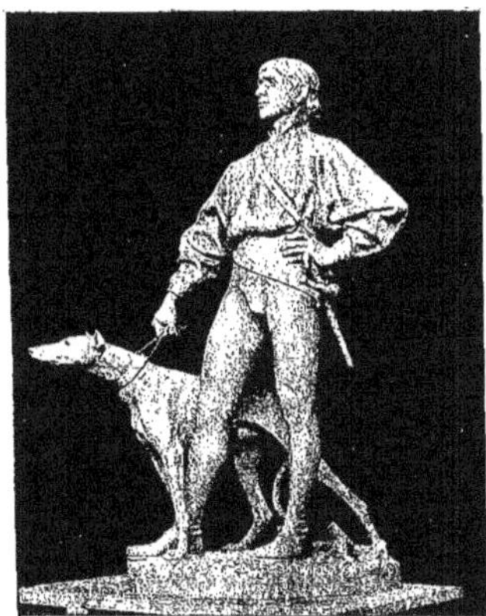

Dagonet. Valet de chiens. (Groupe en plâtre).

pour former une œuvre unique où revit, admirablement exprimée, l'impression ressentie par l'artiste devant un des aspects de la nature, et où chante l'âme des choses. Un coin de la falaise qui domine Villerville à la tombée du jour. Des vaches y gîtent en liberté étendues ou errant dans l'herbe haute. Le soleil se couche à l'horizon reflété par la mer qui moutonne doucement sous la brise. Œuvre superbe, d'une poésie pénétrante, exécutée avec une rare puissance, une délicatesse infinie.

Encore une grande toile. M. Brouillet a pris pour sujet de son tableau de cette année la leçon que le docteur Charcot fait chaque semaine

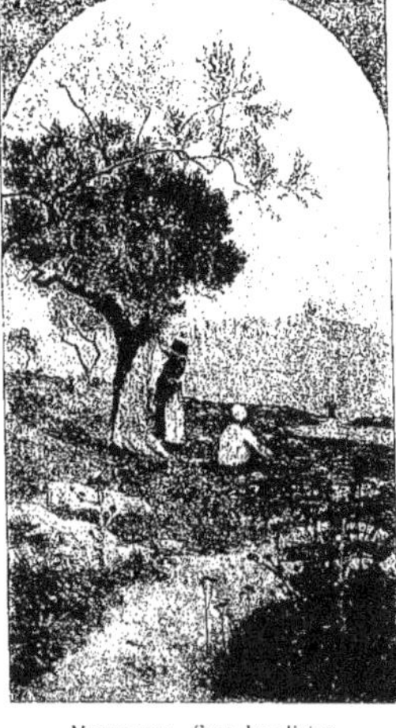

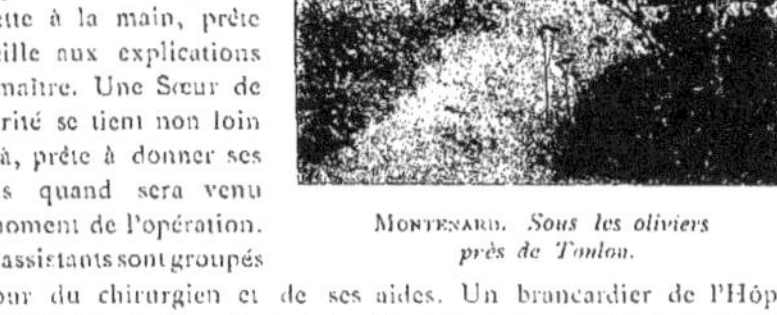

Montenard. Sous les oliviers près de Toulon.

autour du chirurgien et de ses aides. Un brancardier de l'Hôpital tourne le dos et s'apprête à sortir. C'est le drame habituel de l'hospice

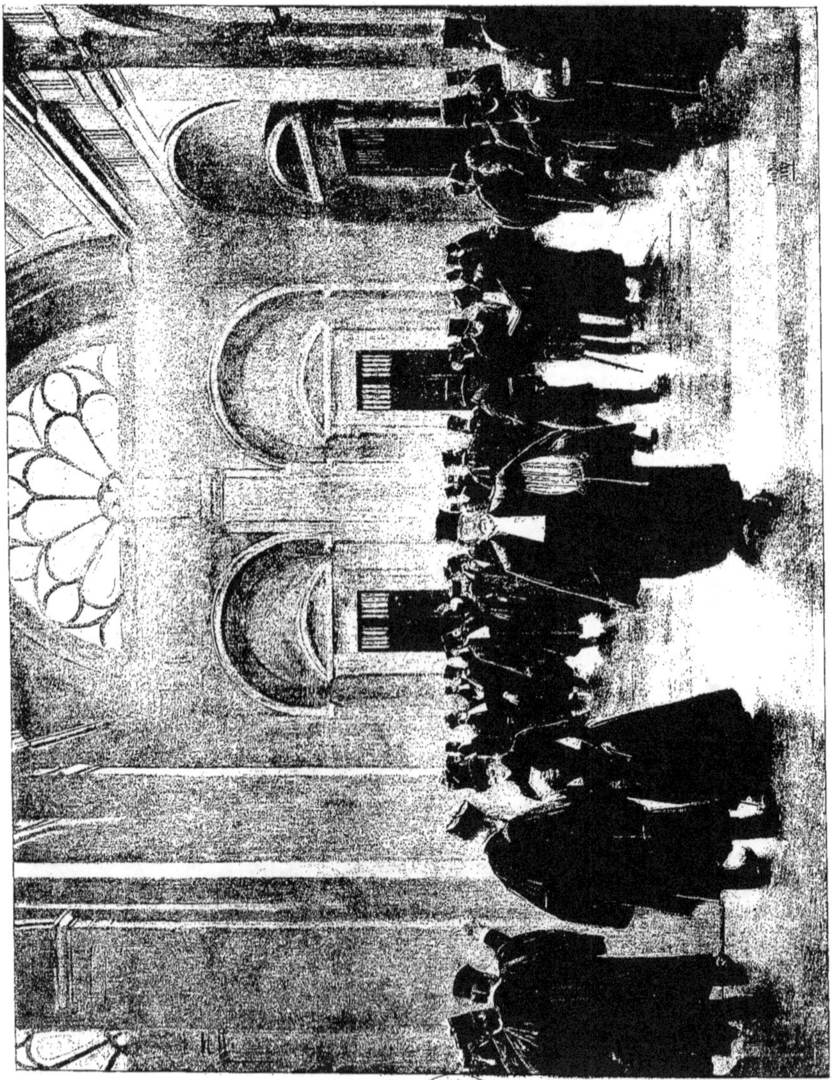

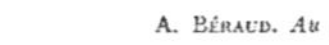

A. Béraud. *Au Palais.*

conté sincèrement par un observateur à qui rien n'échappe et par un peintre assez maître de son art pour savoir tout exprimer.

Poursuivons la série des grands tableaux. Aussi bien celui-là vaut qu'on s'arrête devant lui, c'est l'*Embarquement d'Émigrants au Havre*, de M. Dawant. Il est peint un peu sèchement mais d'un pittoresque achevé.

Les émigrants emplissent le quai couvert de la compagnie des Transatlantiques, près un immense paquebot, dont la coque rouge occupe tout le fond de la toile. On entasse déjà les marchandises à bord et, le bateau pourvu de son chargement, on embarquera les voyageurs. Hommes et femmes assemblés pêle-mêle, attendent l'heure du départ, insouciants ou rêveurs, songeant les uns au pays qu'ils quittent et les autres au pays qui va les recevoir. Tableau curieux, observé de très près, saisissant de modernité.

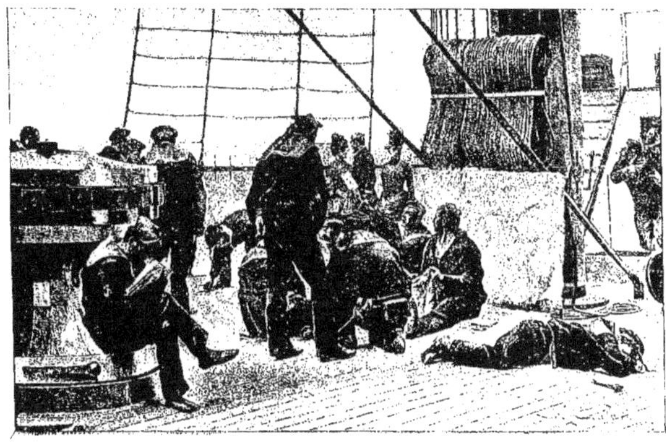

Courtoisie. *Le Dimanche à bord.*

M. Fourié s'était fait déjà connaître à nos Salons par des œuvres intéressantes; avec son *repas de noces à Yport*, il affirme son talent d'éclatante façon et prend rang, d'emblée, parmi nos peintres à succès. M. Fourié pour mener à bien cette œuvre importante a dû triompher de difficultés sans nombre; à voir comment il a su les surmonter on peut aisément préjuger qu'il en surmontera désormais bien d'autres.

Sous les arbres d'un verger éclaboussé, de-ci de-là, par le soleil, on banquète en l'honneur des mariés. Le repas touche à sa fin; c'est le moment des toasts, et le père du conjoint vient de porter la santé de la conjointe. Il paraît que la chose était assez bien tournée; tout le monde paraît satisfait et le beau-père encore plus que tout le monde.

Sujet bien choisi, charmant décor, étude serrée des physionomies et des attitudes, exécution savante et soignée, ce *Repas* a tout pour plaire aux visiteurs du Salon et nous nous faisons garant qu'il leur plaira.

La *Noce* de M. Brispot se passe un peu moins gaiement que celle de M. Fourié. Bras dessus, bras dessous, le ménétrier en tête, on s'en était aller faire un bout de promenade; un nuage qui crève et voilà les noceurs en de beaux draps ! Le marié qui veut protéger de l'averse également sa femme et son chapeau, les abrite tous les deux, du mieux qu'il peut, sous les plis de sa redingote. Le chœur des invités qui s'avançait en bon ordre avant l'accident, chacun avec sa chacune au bras, rompt ses rangs et se débande. Amusant tableau qui séduira par sa gaieté le gros public et que les amateurs apprécieront pour sa belle exécution.

Nous avons dit en commençant que le Salon de 1887 était un Salon triste et le moment est bien venu pour le constater. Les deux *Noces*, que nous venons de vous conter en deux mots, sont les seuls tableaux de cette exposition devant lesquels on trouve à sourire. Leurs auteurs en ont assaisonné les sujets d'un peu d'humour et cela suffit pour qu'ils soient la gaieté de ce Salon, où, tout le long de sa promenade on assiste à des drames et à des misères, à tous les coins duquel on croise des enterrements.

Il en est un pourtant, qui, malgré son air sérieux, vous distraira de la contemplation de tant d'infortunes. Il est d'un spirituel et fin conteur qui se plaît à la raillerie et s'entend merveilleusement à saisir les ridicules de son temps. L'on a déjà compris que nous parlons de M. Jean Béraud.

Le tableau qu'il expose cette année s'intitule *au Palais*, et nous vous le donnons pour un des plus charmants qu'il ait peints. Il nous transporte dans la salle des Pas-Perdus du Palais de Justice, à l'heure où le « Messieurs l'audience est levée » a retenti successivement dans toutes les Chambres. Les avocats s'en vont, leurs dossiers sous le bras, déposer leurs toques et leurs robes entre les mains de Fontaine. Aussi la salle est pleine et l'on ne s'entend pas bavarder à la Parlotte. Une plaideuse, gentille à croquer, a pris dans un coin son conseil et cause avec lui de choses qui la font sourire. Un gros avocat, qui plie sous les dossiers s'avance au premier plan; d'autres pérorent et d'autres s'écoutent pérorer. La scène est charmante, un peu poussée à la charge et pourtant d'une incontestable réalité.

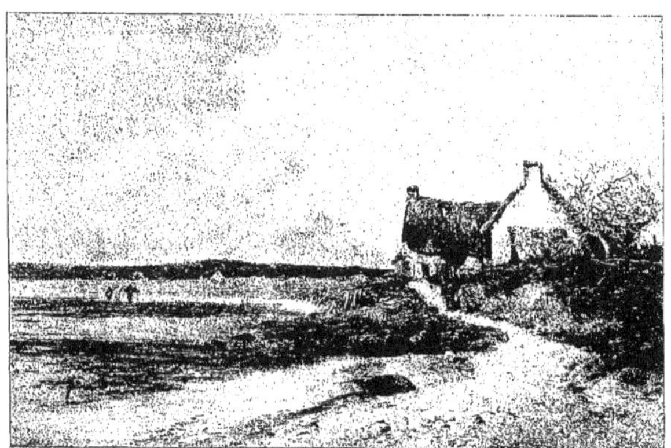

Guillemet. *La baie de Morsaline.*

Retournons aux récits de la vie des pauvres gens. Il est un artiste qui les conte avec une simplicité grandiose, en vrai poète et en grand peintre qu'il est. C'est M. Jules Breton. Sa *Fin de la journée* où des femmes des champs, courbées sous de lourds fardeaux, regagnent le logis à la nuit tombante, est un tableau d'une exécution magistrale et d'une imposante grandeur. On peut admirer sans réserve, aussi, sa *Récolte*, encore bien qu'il s'en dégage une impression moins pénétrante.

Madame Demont-Breton avait de qui tenir; depuis longtemps elle est

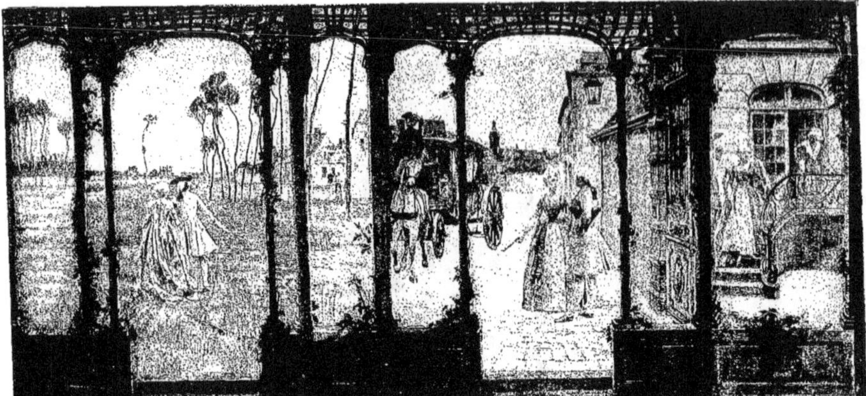

KARBOWSKI. *Décoration.*

passée grande artiste. Son *Fournil* est un tableau tout plein de hautes qualités. Les paysages de M. Demont ont le charme et la beauté de la nature.

M. Dagnan-Bouveret expose un *Pardon en Bretagne* qui est une pure merveille d'exécution. Ce jeune artiste, hier un élève, est en train de devenir un maitre. C'est un tableau charmant très finement ouvré, que celui de M. Dantan : *Le Moulage du Modèle.* Il vaut pour le moins autant que cet *Atelier* qui fit jadis son succès.

Parmi les très beaux portraits que ce Salon contient il faut citer, en première ligne, les portraits d'enfants que M. Jules Lefebvre expose, ils sont l'œuvre d'un maitre en ce genre, et lui vaudront autant d'honneur auprès des visiteurs du Salon, que ceux qu'il nous montrait l'an passé. Le portrait d'Alexandre Dumas par M. Bonnat est d'une construction solide étonnamment ressemblant et vivant, celui de notre confrère A. Jullien, par M. Fantin Latour a toutes les qualités des œuvres de ce maitre.

Mⁱˡᵉ Louise Abbema a envoyé le portrait de son père au Palais des Champs-Elysées. Il est assis dans un fauteuil, jambes croisées à la Grande Arsène, une cigarette aux doigts, tenant sur ses genoux son

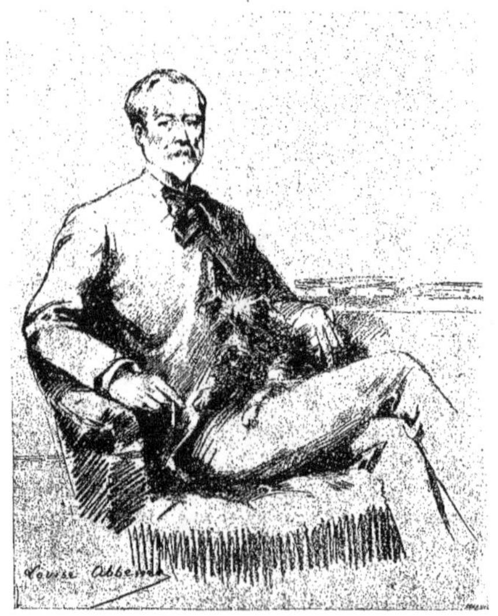

LOUISE ABBEMA. *Portrait de mon père.* (Dessin de l'auteur).

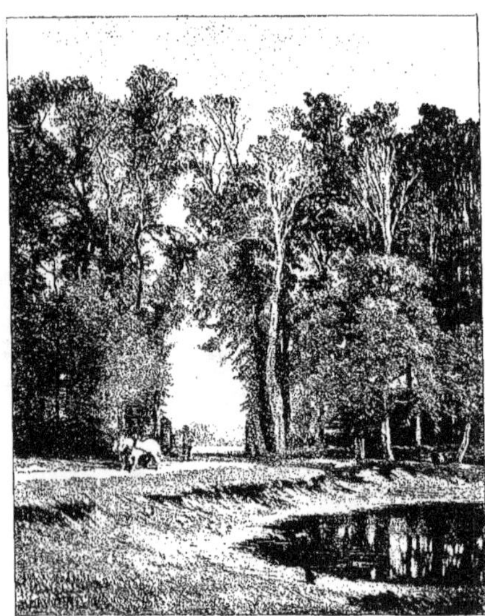

P. COLLIN. *L'Entrée de la ferme de M. Émile.*

chien Spleen. Jamais Mlle Abbema n'a mieux fait et il serait malaisé de mieux faire. Son portrait est, sans contredit, un des meilleurs du Salon.

A citer encore : l'excellent portrait du général Boulanger par M. Debat-Ponsan, celui de Mounet-Sully dans *Hamlet* par M. Chartran, du peintre Vayson par M. Henri Pille, de M. X... par M. Jeanniot, très fin d'exécution, un portrait de femme par Mme Nicolas, un beau portrait de femme aussi par M. Raphaël Collin, un autre par M. Dinet, ceux de M. Duflos dans le *Don Carlos de Hernani* par M. Commerr, du colonel Willette, par son fils, du chimiste Weil, par M. Herbo, d'un sculpteur par, M. Carrière.

Le temps rous manque — et la place aussi — pour parler, comme il conviendrait de bon nombre de tableaux qui sont dignes, vraiment, de la faveur du public et qui l'emporteront assurément. Nous ne nous pardonnerions pourtant pas de n'avoir pas salué d'un mot d'éloge, en passant, les dramatiques *Cuirassiers de Reischoffen* de M. A. Morot; les *Rameaux* de M. Geoffroy, un aimable tableau de genre, la *sortie de l'Église* de M. Adan, œuvre charmante aussi; la belle toile de M. Rixens, le *laminage de l'acier*, avec ses torses d'ouvriers modelés robustement; le *Dimanche à Bord*, de M. Couturier, œuvre exacte, étudiée de près et solidement peinte ; le *Défrichement* de M. Paul Lazerges, d'une belle allure, la *Sainte-Geneviève* de M. Pearce; les *Joueurs de Boule* et la *Fenaison*, de M. Deyrolle, très justes de mouvement et finement colorés : les *Pêcheurs à l'Épervier*, de M. Lagarde ; le *Printemps*, de M. Chicotot; les beaux paysages de M. Edmond Yon, un maître du genre, et, surtout son *Marais de Pacy*, très solide et très fin de tons et qui sera très remarqué; la *Baie de Morsaline*, de M. Guillemet, d'une exécution puissante et sincère; un *Récureur de cuivres* de M. Bail, œuvre d'un brillant coloriste; un *Quatuor* de M. Kroyer, peintre curieux et délicat; le *Pavillon des Halles* de M. Gilbert, un peu semblable à tout ce qu'on connait de lui mais de même valeur artistique aussi; les *Héritiers*, de M. Buland; *Dans le Clos*, de M. Julien Dupré; la *Saison des blés;* de M. Perret; *L'enterrement d'une jeune fille* de M. Laugée; *Une Grève* de M. Courboin; des figures de Mlle Cordier; *La Consultation* de M. Habermann; *Le déjeuner* de M. Chadwick; les *Apprêts de la pêche* de M. Roussel; les excellents paysages de MM. Pointelin, P. Collin, Delpy, Damoye, Pelouze, Jourdeuil, Billotte et de Mlle Blakstone, une fine artiste; les belles marines de MM. Courant, Berthellon et Berthelemy.

Et nous n'avons parlé ni du ravissant tableau de M. Heilbuth, le peintre incomparable des modernités, ni des *Foins* de M. Lhermitte, le puissant et savant conteur des scènes paysannes, ni de *l'intérieur arabe*. — Hélas inachevé! — De cet artiste sincère et passionné de son art qui fut Gustave Guillaumet!

Ah! Comité — pauvre Comité, qui t'en repentiras! — que d'oublis, tu nous forces à commettre, et que de regrets tu nous auras causés, imprudent Comité !

Lorsque poussés de salle en salle, par d'inexorables gardiens nous avons pu pénétrer dans le jardin de la sculpture. nous avons tout juste pu saluer au passage l'*École* de M. Falguière et sa *Diane* qui nous revient en marbre, la *Vierge* et la *Circé*; de M. Delaplanche, le *Courage*, de M. Chapu; l'*Omphale*, de M. Gérome; le *Gorille*, de M. Frémiet; le *Vaincre ou Mourir*, de M. Boucher, un superbe groupe; la *Jeune fille à la fontaine*, de M. Farail; *l'Hamlet*, de M. Astruc; le *Matin*, de M. Lemaire; *La Défense du Foyer*, de M. Boisseau; le *Valet de chiens*, de M. Dagonet ; les bustes de l'éditeur Charpentier par M. André, et d'Auguste Vacquerie par M. Dalou, une excellente figure de M. Lenoir, toutes œuvres qui attestent d'éclatante façon la supériorité de notre statuaire française et dont il nous sera donné de parler, plus en détail, quand nous aurons pu mieux les voir avec, ou sans, la permission de MM. Bouguereau et consorts.

GUSTAVE GOETSCHY.

28-29 Avril 1887.

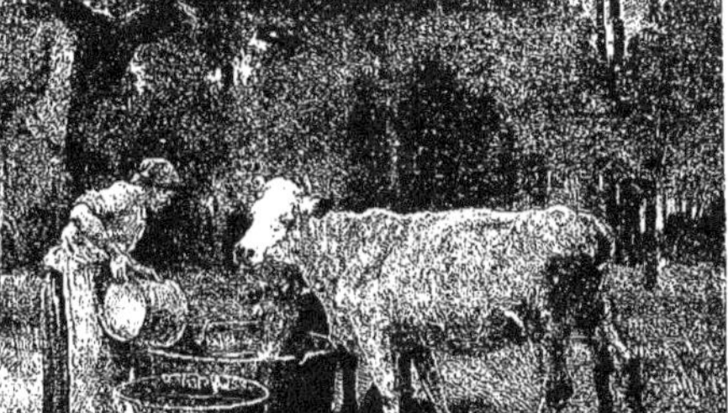

BOUCHER. — *Vaincre ou Mourir*. (Groupe en plâtre).

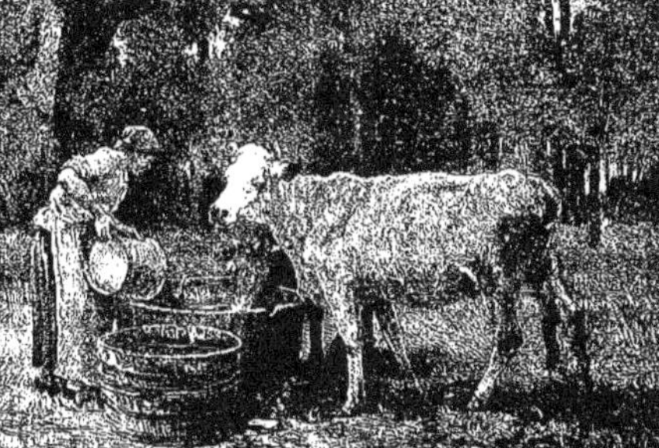

JULIEN DUPRÉ. — *Dans le Clos*.

BRASSERIE

DE LA

PALETTE D'OR

124, Rue de Rivoli, 124

EXPOSITION PERMANENTE

DE

TABLEAUX

RENDEZ-VOUS DES ARTISTES

ET DES AMATEURS

LES TABLEAUX EXPOSÉS PEUVENT ÊTRE ACHETÉS

Paris. — Société anonyme de Publications périodiques, 13, quai Voltaire. — P. Mouillot, imprimeur. — 75474.